Ein erfülltes Leben trotz und mit Parkinson,

liebe Erinnerungen an meine
davon betroffene Frau

Impressum

Copyright 2020 Horst J. Kowalke

Verlag und Druck: Tredition GmbH
Hafenreie 40-44, 22359 Hamburg

ISBN 978-3-347-20608-3
ISBN 978-3-347-20388-4
ISBN 978-3-347-20609-0

Bibliografische Informationen der Deutschen Nationalbibliothek:
Die Deutsche Nationalbibliothek verzeichnet diese Publikation in der Deutschen Nationalbibliografie; detaillierte bibliografische Daten sind im Internet unter
http://dnb.d-nb.de abrufbar.

Inhalt

Warum dieses Büchlein

Zum einen möchte ich meiner viele Jahre an der Parkinson`schen Krankheit leidenden und inzwischen verstorbenen Frau und der langen gemeinsamen Zeit in Dankbarkeit gedenken. Und zweitens ist es mir ein großes Anliegen, anderen Parkinsonkranken und ebenso ihren Angehörigen am Beispiel meiner Frau Mut zu machen, damit umzugehen und mit der Krankheit so gut wie möglich zu leben.

Die durch das Leiden gegebenen, zum Teil massiven Behinderungen und vielfach nur schwer zu ertragenden Einschränkungen lassen sich leichter bewältigen, wenn man die Kraft aufbringt und der Krankheit bewußt einen Widerstand und gezielt etwas Positives entgegensetzt. Das mag im Einzelfall gewiß nicht einfach sein, denn es erfordert eine gehörige Portion an Geduld und Durchhaltevermögen. Doch gelingt das, dann gewinnen der Betroffene und sein persönliches Umfeld deutlich an Lebensfreude zurück.

Die Parkinson`sche Krankheit äußert sich in der Regel durch ein nicht steuerbares Zittern der Hände, durch unkontrollierte Körperbewegungen oder etwa durch ein gestörtes, nach vorne gebeugtes Gangbild. Sie ist auch als sogenannte Schüttellähmung bekannt und hat inzwischen das Ausmaß einer Volkskrankheit erreicht.

Das Leiden wird bei immer mehr Menschen diagnostiziert, mit zunehmender Tendenz. Ungefähr ab dem 60. Lebensjahr nimmt die Wahrscheinlichkeit deutlich zu, an Parkinson zu erkranken. Und weil die Lebenserwartung auch zukünftig fortschreitend steigt, wird es immer mehr Betroffene geben.

Auch meine Frau gehörte zu den Bedauernswerten. Sie erhielt die Diagnose, als sie noch keine Fünfzig war. In den folgenden Jahren hat sie alle denkbaren Phasen der Krankheit durchgemacht. Über all diese Zeit hat sie tapfer versucht, dagegen zu halten. Sie beklagte sich so gut wie nie über ihr wahrlich beschwerliches Leben und vertraute ihrem Umfeld in bewundernswerter

Weise. Ich bin überzeugt, dass diese Haltung gegenüber ihrer Krankheit sie in die Lage versetzt hat, ihr Leiden zu akzeptieren und letztendlich ihr Leben daran auszurichten.

Das hat sie zeitlebens so gehalten. Sie blieb vielseitig interessiert an den alltäglichen Dingen innerhalb und außerhalb der eigenen vier Wände. So unternahmen wir bis zuletzt immer wieder Urlaubsreisen, sogar auch in weitab gelegene Länder, etwa in die USA, nach Kuba, nach Dubai, nach Portugal oder auch mehrfach nach den Balearen.

Bei den letzten der Urlaubsreisen war sie leider an den Rollstuhl gefesselt. Das war für uns fraglos beschwerlich. Andererseits sind heutzutage Eisenbahnen, Busse, Flugzeuge, Schiffe, Hotels, Restaurants oder auch andere öffentliche Bereiche großenteils behindertengerecht gestaltet. Und freundliche, hilfsbereite Menschen, die im Bedarfsfall helfend eingreifen, findet man überall.

Manches kann man sich im Leben aussuchen, anderes dagegen nicht. Vieles Gute, Nützliche, Schöne läßt sich mit Fleiß und Ausdauer erreichen und Erfolg, was das auch immer heißen mag, wird einem zuteil, wenn man ein festes Ziel vor Augen hat und es mit Disziplin und Ausdauer schließlich erreicht. Scheinbar unerreichbare Höhen betreten sich dann leicht, fordern jedoch ein hohes Maß an eisernem Willen und mühevoller Beharrlichkeit. Ein zielbewußtes, erfolgreiches Streben führt letztlich zu gesunder Zufriedenheit, Genugtuung, zu einem erfülltem Leben und meist auch zu einem gewissen materiellen Wohlstand.

Leider können wir nur wenig oder oft keinen Einfluß auf bestimmte Ereignisse nehmen, auf Unvorhersehbares, das unser Leben schlagartig ändern kann, etwa Krankheiten. Deren Ursachen kennt man in den meisten Fällen. Sie können vererbbar sein oder durch Einflüsse ungesunder Arbeitsplätze oder durch andere ungünstige Umweltverhältnisse entstehen, uns körperlich schädigen bis hin zu ernsthaften mentalen Störungen. Dagegen gibt es auch heute noch so gut wie keine Erkenntnisse über Ursachen und Entstehung bestimmter Krankheiten, wie etwa beim Parkinson`schen Syndrom. Das konnte vor nicht allzu langer Zeit nicht einmal therapiert werden, und die Betroffenen mußten es sozusagen lebenslang erdulden. Inzwischen stehen wirksame Medikamente zur Verfügung, und es wurden zusätzliche Behandlungsmethoden entwickelt, die das Leben mit Parkinson leichter machen.

Vorweg

Es geschah dann alles ganz plötzlich, überraschend schnell und kam für uns unerwartet. Ein akuter Darmverschluß war tödlich und beendete ihr langjähriges Leiden.

Meine Frau hatte viele Jahre an der nicht heilbaren Parkinson'schen Krankheit gelitten. Als seinerzeit die Diagnose unumstößlich feststand, fand sie sich klaglos damit ab. Sie arrangierte sich mit diesem Befund. Die ersten Jahre waren erträglich. Wir führten ein weitgehend unbeschwertes   Leben. Die Anforderungen des Haushalts hatte sie im Griff. Unser Alltag war geregelt und verlief im Ganzen wie man es sich wünschen mag. Im Kreise von Familie, Freunden und Bekannten gestaltete sich unser Leben wie bei vielen anderen auch. Es gab häufige Begegnungen und Kontakte , und wir hatten schöne Jahre. Wir gingen ins Theater, in Konzerte, fuhren in den Urlaub, anfangs zusammen mit unserem Sohn, der später, was mit fortschreitendem Lebensalter bei Jugendlichen verständlich ist, die Ferien mit Gleichaltrigen bevorzugute.

Die unaufhaltsam fortschleichende, heimtückische Krankheit schränkte ihre körperliche Beweglichkeit zwar zunehmend ein, doch unsere Beziehungen zur „Außenwelt" pflegten wir unverändert. Später bereiteten uns Urlaube auch dann noch große Freude, als sie schon auf den Rollstuhl angewiesen war. Die verständnisvolle und unterstützende Fürsorge von Familie und Freunden gaben ihr die Kraft dazu. Sie beklagte ihr schweres Los so gut wie nie. Ihr freundliches Wesen half ihr dabei. Wegen ihres bescheidenen und zurückhaltenden Naturells war sie allseits beliebt. Sie wurde oft und gerne eingeladen. Ihre Gastgeber, oft der eingeschworene Kreis von seit vielen Jahren eng befreundeten Frauen, „betüttelten" sie in anrührender Weise, nicht auch zuletzt, weil sie zunehmend auf fremde Hilfe angewiesen war.

Wenige Monate vor ihrem Tod hat sie das 80. Lebensjahr vollenden dürfen, im Krelse ihrer engsten Angehörigen und besten Freunde. Es war ein besonderer Tag für sie und alle Anwesenden. Man sah ihre unverhohlene Freude , man ahnte ihre innere Bewegtheit. Sie fühlte, es war ein Geburtstag, unbeschwert und locker, an den man sich gern für lange Zeit erinnert. Die Geburtstagsgesellschaft war in angeregter, heiterer Stimmung. Im Mittelpunkt stand beziehungsweise saß meine Frau. Gerne möchte ich aus dem Glückwunschschreiben einer ihrer langjährigen Freundinnen zu ihrem „runden" Geburtstag zitieren:

„Liebe G.,

Du gehörst zu den wenigen Menschen in meinem Leben, zu denen ich sagen kann, dass ich froh bin, mit Dir befreundet zu sein. Dein Wesen, Deine immer gleichbleibende, warmherzige Freundlichkeit und insbesondere Deine Charakterstärke zeichnen Deine Persönlichkeit aus. Ich denke, dass ich den heutigen Geburtstag zum Anlass nehmen kann, Dir dies einmal zu sagen.

A. und ich wünschen Dir eine schöne Geburtstagsfeier und für die nächsten Jahre eine gute Zeit.

Wir bedanken uns, dass wir bei Deiner Geburtstagsfeier dabei sein dürfen,
Deine T."

An diesem Vormittag konnte wohl keiner unter ihren Gratulanten ahnen, dass es ihr letzter Geburtstag sein würde.

Die Parkinson'sche Krankheit an sich ist nicht tödlich. Todesursache ist in der Regel ein allmähliches, oft ein akutes Versagen eines oder mehrerer lebenswichtiger Organe. Das war auch bei meiner Frau der Fall.

Unser Leben ist nun einmal zeitlich begrenzt. Es kann sehr, sehr kurz sein, aber auch viele lange Jahre dauern. Es kann ein Leben sein bei guter Gesundheit, die man sicherlich durch eine angemessene, gesunde Lebensweise erhalten und stabilisieren kann. Und doch gibt es nur wenige Menschen, die zeitlebens von Krankheiten verschont bleiben.

Hält ein Leiden auf Dauer an und ist sogar nicht heilbar, gilt der oder die Unglückliche als chronisch krank. In der

Mehrzahl solcher Fälle kann den Betroffenen wegen des hohen medizinischen Erkenntnisstandes wirksam geholfen werden. Immer wieder neue und auch verbesserte Medikamente und verfeinerte Therapien helfen Körper und Seele, sie machen das Leben leichter und erhöhen die Lebensqualität. Davon konnte meine Frau lange Zeit profitieren. Doch irgendwann kam der Punkt, ab dem die Ärzte wiederholt das unschöne Wort „austherapiert" benutzten. Dieser Befund löste bei uns Angehörigen große Betroffenheit, Hilflosigkeit, Niedergeschlagenheit aus. Wir vermochten nur wenig dazu beizutragen, ihr im wahrsten Sinne wieder auf die Beine zu helfen. Wir konnten ihr dennoch ihre letzten Lebensjahre erträglich machen.

Unsere ersten Jahre

Wir sahen uns das erste Mal bei einem Freund. Er hatte sie und ihre damals beste Freundin zu seinem Geburtstag eingeladen und auch mich dazu gebeten. Es war ein schöner, heiterer Abend, in lockerer Stimmung. Es wurde getanzt, gesungen, es gab lebhafte Gespräche, und es wurde viel gelacht. Und es wurde für mich viel später als ich eigentlich vorgesehen hatte. Denn ich mußte am nächsten Morgen zeitig aus den Federn, weil ein Theaterbesuch in einer Nachbarstadt anstand. Wir verabschiedeten uns spät in der Nacht. Es war damals nicht abzusehen, ob wir uns überhaupt jemals wieder begegnen würden. Ich kann mich noch erinnern, dass der folgende Tag für mich äußerst anstrengend war und es mir während der Aufführung sehr schwer fiel, die Augen offen zu halten.

Erst Monate später trafen wir uns durch einen Zufall wieder. Unser gemeinsamer Freund hatte einen Wochenendtrip in das

Sauerland geplant und mich gefragt, ob ich mitkommen möchte. Mir schien das eine schöne Abwechslung zu sein, und ich sagte zu.

Es war ein herrlicher Frühsommertag. Wir saßen im Bundesbahnbus von Hagen nach Lüdenscheid. Damals durfte man in den öffentlichen Verkehrsmitteln noch rauchen, und davon machten wir reichlich Gebrauch. An einer Bedarfshaltestelle stiegen wir aus und legten die letzten Kilometer zu Fuß zurück. Dadurch konnten wir einen größeren Umweg über Lüdenscheid vermeiden. Kurz darauf erreichten wir das Haus meiner zukünftigen Schwiegereltern. Mittlerweile war auch die Freundin meines Begleiters zu uns gestoßen.

Meine spätere Frau empfing uns vor dem Haus. Es gab nach vielen Monaten ein herzliches Wiedersehen. Wir traten ein in das mehr als dreihundert Jahre alte ehemalige Bauernhaus. Die niedrigen Türen und die tief hängenden Zimmerdecken waren gewöhnungsbedürftig.

In der „guten Stube" war die Kaffeetafel angerichtet, so recht nach unserem Geschmack. Kaffee, Kuchen und allerlei Gebäck kam uns gerade zupaß. Die doch längere Anreise hatte uns hungrig gemacht. Nach dem Kaffeetrinken bewunderten wir den vor dem Haus angelegten kleinen Bauerngarten. Es gab dort verschiedene Gemüsesorten für die tägliche Mahlzeit, Sträucher von Johannes- und Stachelbeeren und nicht zuletzt eine bunte Mischung einer liebevoll gepflanzten Blumenpracht.

Mittlerweile kamen ihre Eltern vom Feld. Auf dem Rücken trugen sie Laken aus grobem Sackleinen, gefüllt mit frisch bereitetem Heu, das für die beiden Ziegen im Stall hinter der Waschküche bestimmt war. Sie begrüßten uns freundlich, wir wechselten ein paar Worte über ihr anheimelndes, dörfliches Idyll und das zur Zeit herrschende sonnige, warme Sommerwetter. Dann zogen sich die Schwiegereltern zurück. Wir vier machten ein paar Schritte hin zu einem nahe gelegenen Wäldchen, das, wie ich später erfuhr, dem Schwiegervater gehörte.

Dieses Wäldchen lieferte der Familie das ganze Jahr über das Brennholz für den „antiken", emaillierten Kohleherd in der kleinen Küche.

Es gab im Wald vorwiegend Eichen und Buchen, aber auch Ebereschen, wilde Kirschen und hochgewachsene Nadelbäume wie Fichten, Kiefern, Lärchen. Wir inhalierten die duftende, kräftige Waldluft und fuhren dann zum Elternhaus der Freundin meiner Frau. Das lag in einem dicht mit Nadelhölzern bewaldeten Seitental. Die Eltern hießen uns herzlich willkommen. Ein erfrischender Begrüßungstrunk war der angenehme Einstieg in eine lebhaft geführte Unterhaltung.

Am frühen Abend machten wir jungen Leute uns auf den Weg zu einem nahe gelegenen Landgasthof. Es wurde ein feuchtfröhlicher Abend bei deftigem Essen und erfrischenden Getränken. In bester Stimmung traten wir den kurzen Heimweg an, nicht ohne ein paar lustige Lieder angesungen zu haben. Ein schöner Tag war nun zu Ende. Ich stolperte todmüde in das mir zugewiesene Zimmer. Noch heute erinnere ich mich an die bunten, kuscheligen Bauernbetten. Ich schlief rasch ein. Herrlich war der Schlaf auf diesem weichen, ländlich-urigen Nachtlager. Das Wochenende verging wie im Fluge. Mein Freund und ich verabschiedeten uns von unseren aufmerksamen, liebenswerten Gastgebern. Diese und besonders die beiden „Mädchen" gaben uns ihrerseits zu verstehen, dass wir auch ein nächstes Mal willkommen seien. Den ganzen Sommer über nahmen wir jede Gelegenheit wahr, unsere Freundinnen zu besuchen. Wir erkundeten das besonders für uns Großstädter reizvolle Märkische Sauerland rund um die „Bergstadt" Lüdenscheid und die schöne, etwas herbe Umgebung der „Burgstadt" Altena. Auch die vielen, meist in weitläufigen Niederungen eingebetteten Talsperren und Stauseen sind uns in bester Erinnerung. Bald hatten wir die landschaftlich so herb-liebliche Heimat unserer Freundinnen nicht nur in großen Teilen erkunden können, sondern wirklich ins Herz geschlossen.

Verlobung, Heirat

Die folgende Zeit war dann, wie sie bei Verliebten eben so ist. Wir trafen uns so oft wie irgend möglich. Sie ging ihrem Beruf nach als kaufmännische Angestellte in einem kleinen Lüdenscheider Metallbetrieb. Ich arbeitete als Chemielaborant im Labor eines großen Hüttenwerks und war nebenher dabei, die Reifeprüfung an einem Abendgymnasium meiner Heimatstadt nachzuholen. Diese Doppelbelastung, tagsüber meine Arbeit im Labor des Stahlwerks und nach Feierabend die Schule bis spät am Abend, war zwar spürbar, aber in meinem Alter durchaus zu bewältigen. Es gab ja noch die Wochenenden, die wir zumeist im Sauerland verbrachten.

Es war ein heißer Sommer. Ich hatte mich von der Arbeit im Hüttenlabor freistellen lassen, um mich für die nächsten Monate auf das anstehende Abitur vorzubereiten. Herrlich diese Zeit, die jetzt vollständig der Vorbereitung auf die wichtige Prüfung galt. Ich konnte mich in aller Ruhe mit den verschiedenen Schulfächern befasssen.

Doch ab Freitagabend begann für uns die ersehnte Zeit des Beieinanderseins. Die Bahnfahrt nach Lüdenscheid erschien mir manchmal unerträglich lang. Aber dann waren wir endlich zusammen im anheimelnden, jahrhundertealten Häuschen ihrer Eltern. Man hatte mir ein gemütliches Zimmerchen im Obergeschoß zugewiesen. Dorthin konnte ich mich zurückziehen, wenn ich ein paar Stunden für das eine oder andere Schulfach etwas aufarbeiten mußte. Das Haus war eine Oase des Wohlfühlens, und die nahezu himmlische Ruhe dort gab mir Kraft, Ausdauer, Durchhaltevermögen.

Endlich war es dann soweit. Die Reifeprüfung war bestanden, die formale Voraussetzung für ein Universitäts-studium. Meine zukünftige Frau hatte mich in den voraufgegangenen Monaten nach Kräften unterstützt und so gut es ihr möglich war, motiviert und moralisch aufgemuntert.

Nach vier anstrengenden Jahren fiel die doppelte Belastung - tagsüber die Berufsarbeit, am Abend die Schule - endlich wie eine Zentnerlast von mir. Ich hatte die Woche über den Nachmittag und den Abend zur freien Verfügung. Nach einer langen, entbehrungsreichen Zeit konnte ich nun durchatmen. Ich fühlte mich wie neu geboren. Und das verschaffte mir ein unbändiges Freudegefühl. Die Wegstrecke bis zum Abitur und damit bis zur Erlangung der Hochschulreife lag endlich hinter mir.

Meine langjährige Tätigkeit im Labor eines großen Stahlwerks hatte mir recht gute Einblicke in die Produktion von Stahl und Eisen verschafft. Insofern lag es nahe, auf diesem interessanten Arbeitsgebiet meinen künftigen Beruf zu suchen. In dem damals noch sehr lange vor der Wiedervereinigung stehenden Westdeutschland gab es drei Technische Hochschulen, die das Studienfach „Eisenhütten-und Gießereiwesen" anboten. Das waren die Rheinisch-Westfälische Technische Hochschule Aachen, die Technische Universität Berlin und die seinerzeit so genannte Bergakademie Clausthal, die heute Technische Universität Clausthal heißt. Diese auch als „ABC-Universitäten" bekannten Hochschulen genießen übrigens weltweiten Ruf auf dem Gebiet der Ausbildung von Ingenieuren aller Fachrichtungen.

Zum nächsten Wintersemester schrieb ich mich in Aachen ein. Die voraufgegangenen Monate hatte ich, um einen finanziellen Grundstock für das beabsichtigte Studium zu legen, als Leiter des kleinen chemischen Labors in einer Eisengießerei genutzt. Die Tätigkeit dort sollte sich als richtungsweisend für mein späteres Berufsleben herausstellen.

Die Aachener Zeit verging wie im Fluge, die obligatorischen zehn Semester zogen sich über fünf lange Jahre hin. Viele mir bisher unbekannte, neue technische Welten sorgten im Laufe meiner Ausbildung nicht nur für Abwechslung, sondern waren der willkommene Ansporn für ein erfolgreiches Studium. Etwa ein Jahr vor dem Ende der mich fachlich so außerordentlich prägenden Aachener Zeit heirateten wir. Wenige Monate später kam unser Sohn zu Welt.

Wir wohnten im urigen Häuschen meiner Schwiegereltern. Meine Frau ging nach der Mutterschaftspause nun wieder ihrer Tätigkeit im Büro nach, ich verbrachte die meiste Zeit natürlich in Aachen. Kurz vor Weihnachten hatte ich das Diplom „in der Tasche", und zu Beginn des neuen Jahres trat ich die Stelle eines Betriebsingenieurs an in der erwähnten und mir durch oftmalige Praktikantentätigkeit während der Semesterferien mittlerweile sehr vertrauten Eisengießerei.

Wie unser Leben weiter ging

Wenige Monate später zogen wir aus dem dörflichen Sauerland in die Großstadt Dortmund. Für meine Frau und auch für unseren Sohn bedeutete das eine nicht unerhebliche Umstellung, und es floß so manche Träne, denn die Gewohnheit hat eine große Kraft, wie meine Schwiegermutter gelegentlich zu sagen pflegte. Doch bald gewöhnten wir uns allmählich an die neue Wohnung und an die neue Umgebung. Wir wohnten am Rande von Dortmund in einer gerade erst errichteten kleinen Siedlung, die Zug um Zug von überwiegend jüngeren Familien bezogen wurde. Das erleichterte uns das Einleben in unsere neue Situation, was sicherlich für die meisten der gleichzeitig dort angesiedelten Nachbarn zutraf. Erste Kontakte wurden geknüpft, die meist gleichaltrigen Kinder wurden rasch zu Spielgefährten. Dabei erwies sich als äußerst hilfreich, dass unsere Wohngegend vom Straßenverkehr so gut wie abgeschnitten war. Anliegende Felder, Obststreuwiesen und andere Grünflächen gaben dem Nachwuchs das ideale Umfeld um zu spielen und sich auszutoben.

Nach dem Umzug in die Großstadt hing mein Frau ihre Berufstätigkeit an den Nagel. Haushalt und Kind nahmen sie naturgemäß in Anspruch. Und mit der Zeit hatte sie sich mit etlichen benachbarten Frauen ihres Alters bekanntgemacht. Dieder Kreis traf sich regelmäßig. Daraus ergaben sich Freundschaften, die über Jahrzehnte, ja bis zu ihrem Tode anhielten. Von diesen Bekanntschaften „profitierten" auch wir Ehemänner, weil es immer wieder Anlässe gab für kleinere oder größere Feiern innerhalb der Nachbarschaft.

Die folgenden Jahre verliefen mehr oder weniger unspektakulär. Unsere kleine Familie lebte den Alltag, wie er üblicherweise eben verläuft. Der Junge durchlief Kindergarten, Grundschule, Gymnasium und später auch den Zivildienst, anstelle des damals noch üblichen Wehrdienstes. Meine Frau beschäftigte sich in ihrer "Freizeit" unter anderem mit dem Batiken, das in der Hauptsache darin bestand, Seidenstoffe phantasievoll mit bunten Konturen zu bemalen. Das Ergebnis solcher Bemühungen waren dann farbige Halstücher, Schals und gelegentlich auch eine bunt gemusterte Krawatte für mich. In jenen Jahren begann sie auch ihre Französischkenntnisse aufzufrischen und zu erweitern. Ich hingegen hatte in der erwähnten Gießerei unserer kleinen Nachbarstadt reichlich zu tun.

Die Arbeit im Betrieb füllte mich aus. Berufliche Befriedigung hebt das Selbstwertgefühl. Mir kam zugute, dass ich zu technischen Verbesserungen bei den teils komplizierten Fertigungsabläufen im Betrieb meinen Beitrag leisten konnte. Man war anerkannt, und diese Anerkennung schlug sich nicht allein in der Bezahlung nieder, sondern ebenso in einer Aufwertung meiner betrieblichen Position. Später hatte ich neben der täglichen Arbeit im Betrieb sogar die Gelegenheit und die Zeit, über ein interessantes, neuartiges Fertigungsverfahren zu promovieren.

Unser Sohn ging nach Reifeprüfung und Zivildienst nach Berlin. Er hatte sich dort das Studienfach Biologie ausgesucht. Weil sein besonderes Interesse der Meeresbiologie galt, aber dieses Spezialfach in Berlin nicht angeboten wurde, mußte er nach dem Vorexamen zu seinem Leidwesen an die Uni Oldenburg wechseln. Er hatte ja einige Jahre in der deutschen Hauptstadt gelebt und 1989 die deutsche Wende hautnah und sozusagen mittendrin und die Wiedervereinigung der beiden nach dem Kriege getrennten Staaten mitbekommen. Man kann sich vorstellen, dass ihm die norddeutsche, bürgerliche, beschauliche und doch in Wahrheit liebenswerte „Provinzstadt" blass und wenig aufregend vorkam. Den Umzug von Berlin nach Oldenburg bewältigten wir mit einem von meiner Firma ausgeliehenen Kleintransporter. Fleißige Helfer waren meine Frau und meine Schwiegermutter, die unserem Sohn, und auch umgekehrt, von seiner Geburt an in großer Zuneigung verbunden war. So kutschierte er beispielsweise während seiner Berliner Jahre und vor der Wende seine Großmutter mit der S-Bahn stundenlang und kreuz und quer durch Ost- und Westberlin. Er zeigte ihr die Brennpunkte der damals noch geteilten Großstadt, was sie offensichtlich genossen und das ihr außerordentlich gefallen hatte. Sie fragte ihn am Ende dieser kleinen, abenteuerlichen Reise nach seinen Auslagen für die Fahrkarten. Ihr stockte der Atem, und sie war sichtbar entsetzt, als ihr Enkel gestand, dass er und seine Großmutter die S-Bahn die ganze Zeit über als Schwarzfahrer benutzt hatten.

Inzwischen waren wir in ein nettes Einfamilienhaus in einem benachbarten Vorort eingezogen, was in unserem damals zehnjährigen Sohn den Wunsch nach einem eigenen Hund weckte. Dem wollten wir uns nicht verschließen, und so bekam er aus der Sicht des stolzen Besitzers einen hübschen, putzigen, frechen, intelligenten, kurz rundum liebenswerten Rauhaardackel. Wie das aber in nicht wenigen Familien in ähnlicher Situation vorkommt, oblagen die gegenüber dem Tier bestehenden Pflichten vor allem meiner Frau.

Zu unserem Haus gehörte ein mittelgroßer Garten, ganz nach dem Geschmack meiner Frau. Sie kam ja „vom Lande" und so etwas war ihr von Kindesbeinen an vertraut. Sie übernahm Gestaltung und Pflege der Blumenbeete, und das ausgesprochen gern, im Gegensatz zu mir. Aber auch ich durfte mich nützlich machen und die gröberen Arbeiten übernehmen, wie etwa das Rasenmähen oder das Beschneiden von Buschwerk und Bäumen.

Es waren schöne Jahre. Unser inzwischen größerer Bekanntenkreis brachte uns reichlich Abwechslung. Es entstanden Freundschaften, die teils ihren Ursprung im gemeinsamen Wohnumfeld hatten. Alte Verbindungen aus Schul- und Studienzeit wurden aufs Neue belebt. Hinzu kamen nach und nach regelmäßige Treffen mit Berufskollegen. Ich halte es nach wie vor nicht für selbstverständlich, dass solcherlei menschliche Bindungen und in der Intensität über lange Jahre und vielfach über Jahrzehnte Bestand hatten und aufrechterhalten blieben. Inzwischen sind leider zahlreiche unserer lieben, vertrauten und geschätzten Freunde von uns gegangen. Schlußendlich nahm das Schicksal auch mir die Frau, die doch noch, trotz ihrer schweren Krankheit, ein Lebensalter von achtzig Jahren vollenden durfte.

Mittlerweile hatte unser Sohn sein Studium der Meeresbiologie beendet. Ihm wurde eine Stelle beim renommierten Alfred-Wegener-Institut für Polar- und Meeresforschung in Bremerhaven angeboten, das unter dem Kurzbegriff AWI weltweiten Ruf genießt. Als wissenschaftlichem Mitarbeiter bot sich ihm dort die Gelegenheit zu promovieren und den Doktortitel zu erwerben. Seine Aufgabe war die Durchführung meeresbiologischer Experimente, die im Wesentlichen in Jubany am Nordwestrand der Antarktis stattfanden, einer Außenstation des AWI. Insgesamt ganze vier oder fünf antarktische Sommer, die jeweils von November bis zum März des folgenden Jahres dauern, brachte unser Sohn im eisigen Klima unweit des Südpols zu, die letzten Jahre als wissenschaftlicher Leiter der Forschungsstation.

Mit der bald darauf abgelegten Prüfung zum Doktor der Naturwissenschaften schloß er sein Studium ab, zur großen Freude seiner Eltern und nicht zuletzt seiner geliebten Großmutter.

Leider waren seine Tage beim Alfred-Wegener-Institut in Bremerhaven gezählt. Das lag in erster Linie daran, dass sein Arbeitsvertrag nur für jeweils zwei oder drei Jahre verlängert wurde, was dort wie auch an anderen deutschen Hochschulen üblich war. In einer solchen Situation ist eine vernünftige, solide Lebensplanung so gut wie ausgeschlossen, zumal unser Sohn am „AWI" eine aus Peru stammende Kollegin nicht nur kennen, sondern auch lieben gelernt hatte. Nachdem auch sie wenig später in ihrem Fach Meeresbiologie den Doktorhut bekam, heirateten die beiden. Die Hochzeit fand auf besonderen Wunsch unseres Sohnes in Wasserburg am Bodensee statt. Zu diesem Ereignis waren auch die Eltern unserer Schwiegertochter aus Lima/Peru angereist.

Nicht lange darauf übersiedelte das junge Paar nach Frankfurt/Main, wo beide eine

Beschäftigung fanden, doch leider nicht im Bereich ihres Studienfachs, der Meeresbiologie. Wenige Jahre später wuchs die junge Familie, es kamen zu unserer großen Freude zwei prächtige Jungen zur Welt. Jetzt waren wir stolze Großeltern.

Zu der Zeit war bei meiner Frau die Parkinson`sche Krankheit schon längst diagnostiziert worden. In den Anfangsjahren konnte sie, optimal eingestellt mit den in der Parkinson-Therapie bewährten Medikamenten, im Ganzen ein weitgehend normales, ja nahezu unbeschwertes Leben führen. Beispielsweise hatte sie es damals nicht nur hingenommenen, sondern ausdrücklich befürwortet und mich geradezu ermuntert, eine mir angebotene Stelle in einer großen deutschen Gießerei unmittelbar an der Grenze zur Schweiz anzunehmen. Das machte mir die Zusage leichter. Wir bezogen dort eine kleine, gemütliche Wohnung. Unser Haus in Dortmund hielten wir bei, denn wir wollten unser langjähriges Umfeld nicht aufgeben. Zudem konnte ich meine vielen beruflich bedingten Auswärtstermine so gestalten, dass ich möglichst oft zu Hause war.

Umgekehrt nahm ich meine Frau häufig mit auf meinen Geschäftsreisen. Das war für uns ganz wichtig, denn somit blieben uns längere Zeiten des Zusammenseins.

Ihr gewinnendes, freundliches, offenes Wesen wussten viele Geschäftsfreunde und später auch deren Ehefrauen bzw. Partnerinnen zu schätzen. Aus diesen mehr oder weniger regelmäßigen Begegjungen entstanden im Laufe der Jahre nicht selten Freundschaften, die bis an ihr Lebensende anhielten und die ich bis heute aufrecht halte.

Als Beispiel diene das Ehepaar W. Wir trafen uns über Jahrzehnte einmal jährlich im Hochsauerland. Hiervon sind mir viele schöne Wanderungen und mancher unterhaltsame Abend zum Ausklang der manchmal auch anstrengenden Tage in Erinnerung geblieben. Jeder Urlaubstag war ausgefüllt mit Besichtigungen, etwa eines ehemaligen Schieferbergwerks oder einer Wetterstation, eines Industriemuseums oder eines der vielen, mit prächtigen Fachwerkhäusern ausgestatteten sauerländischen Städtchen. Schon beim Frühstück überlegten wir, was denn heute

wohl auf dem Programm stehen könnte.
Natürlich spielte bei diesen Überlegungen
das für diesen Tag angesagte Wetter eine
wichtige Rolle. War ein sonniger Tag
angekündigt, ging es in Gottes freie Natur,
vorausgesagte Regentage waren der
Anstoß für entweder einen Badetag im
hoteleigenen Schwimmbad oder den
Besuch kultureller Einrichtungen, über die
wir sich natürlich vorher eingehend
erkundigt hatten. All diese Aktivitäten, das
angenehme Zusammensein mit lieben
Freunden, die interessanten täglichen
Unternehmungen waren ganz nach dem
Geschmack meiner Frau. Sie fühlte sich
dann gewissermaßen zu Hause und war
dankbar für jeden Augenblick, den wir
zusammen verbrachten. Ihre stille, innere
Zufriedenheit konnte man ihrem Gesicht
ablesen, an ihrem unvergleichlichen
Lächeln. Das machte sie ihren Mitmen-
schen so sympathisch, ebenso ihr offenes
Wesen und ihre Begabung, anderen
geduldig und aufmerksam zuhören zu
können.

Wie die Krankheit begann und wie sie weiter fortschritt

Die ersten Beschwerden tauchten auf, als sie noch keine fünfzig Jahre alt war. Sie klagte damals hin und wieder über dumpfe Schmerzen in den Bereichen der oberen Wirbelsäule und im Nacken. Der Schmerz wanderte häufig weiter zur rechten Schulter und in den Oberarm. Ich kann mich gut erinnern, dass sie auf Dienstreisen, bei denen sie mich hin und wieder begleitete, während der Autofahrt oft Ellbogen und Arm mit einem großen Kissen abstützte, um die Schmerzen zu lindern.

Ihr Hausarzt überwies sie nach den üblichen Untersuchungen zum Orthopäden. Dort diagnostizierte man Verschleißerscheinungen in den Bereichen Nacken und Schulter. In der Folge wurde sie in bester Absicht mit den in der Orthopädie gängigen Methoden behandelt, d.h. mit Bestrahlungen, Spritzen, Dehnungs- übungen und Massagen, um einige zu nennen. Diese zum Teil recht unangeneh- men, teils schmerzhaften Therapien brachten keine Abhilfe. Auch die

Konsultation weiterer angesehener Orthopäden führten zu keiner Besserung. Weil eine rheumatische Erkrankung nicht auszuschließen war, fragten wir den Chefarzt der Orthopädie in einer renommierten Uniklinik um Rat. Im Laufe des Gesprächs deutete ich an, dass wir einen dreiwöchigen kurähnlichen Aufenthalt auf Ischia geplant hätten, mit den dort typischen Anwendungen wie Fango, Moorpackungen, Warmbädern, Massagen und anderem. Der Herr Professor hielt das für medizinisch empfehlenswert. Wir reisten also auf die italienische Mittelmeerinsel, und für meine Frau begannen kurz darauf die Behandlungen. Doch nach wenigen Tagen mußte sie die Therapien abbrechen. Die alten Beschwerden in Nacken und Schulter waren plötzlich wieder da und größer als je zuvor. Wir standen vor einem Rätsel, zumal doch nach Meinung der Orthopäden alle mit Wärmeeinwirkung verbundenen Behandlungen meiner Frau gut tun sollten. Die restlichen verbleibenden Wochen auf Ischia genossen wir dann doch, nicht zuletzt deswegen, weil ein befreundetes Ehepaar zur gleichen Zeit dort seine Ferien verbrachte. Unser kleiner Mietwagen brachte uns Vier an viele schöne, sehenswerte Stellen der Insel, wir erfreuten uns an der mediterranen Küche und traten schließlich die Heimreise an. Die Erwartung meiner Frau, ihre Beschwerden auf Ischia in den Griff zu kriegen, wurde aber nicht erfüllt. Dagegen hatte unsere leider inzwischen verstorbene Freundin durch den Aufenthalt auf Ischia die Besserung ihres Rheumaleidens erhofft, die offensichtlich auch eintrat.

Nach wie vor klagte meine Frau über immer öfter eintretende, dumpfe Schmerzen in den Bereichen von Schulter und Oberarm. Nach wiederholten Besuchen bei ihrem Hausarzt und auf dessen Anraten zur näheren Abklärung bei ihrem Orthopäden verordnete der eine Badekur im bayerischen Bad Wiessee. Damals wurden Kuren erst nach Begutachtung und mit Zustimmung von Vertrauensärzten genehmigt. Dieser Prozedur hatte sich auch meine Frau zu stellen. In ihrem Fall prüfte und beurteilte eine Ärztin die Notwendigkeit der Badekur. Das Gespräch mit der Vertrauensärztin brachte uns eine richtungsweisende Erkenntnis, nachdem sie sorgfältig und aufmerksam Gehverhalten, verschiedene andere Bewegungsabläufe und die Sprechweise meiner Frau beobachtet hatte. Nach einer Pause sah sie meine Frau an und sagte zu unserem Entsetzen: „Entweder Sie trinken oder Sie haben einen Tumor im Kopf oder Sie haben Parkinson." Dieser Befund traf uns wie ein Donnerschlag. Dann äußerte sich zunächst meine Frau. Dass sie Trinkerin sei, könne sie eindeutig ausschließen, und ein möglicher Tumor im Kopf müsse erst noch nachgewiesen werden. Am liebsten wäre ihr der Befund Parkinson. Das hatte sie so einfach dahingesagt, ohne weiter nachzudenken. Tatsache war jedenfalls, dass damals weder meine Frau noch ich nicht einmal vage Vorstellungen von dieser Krankheit hatten. Wir unterlagen einem Irrtum, wenn wir ernsthaft hofften, dass eine Heilung wohl möglich sei. Da hatten wir uns arg getäuscht, wie wir später bitter erfahren mußten.

Die Parkinson`sche Krankheit ist weder heilbar noch ganz aufzuhalten. Sie läßt sich aber durch individuell angepaßte Medikamente allenfalls verzögern. Und es ist aus der Sicht des medizinischen Laien schon eine bewundernswerte Leistung von Medizinern und Pharmakologen, dass man den Dopaminmangel als Ursache der Krankheitssyptome erkannt hatte und den natürlichen Botenstoff in Form entsprechender Medikamente ersetzte. Das liegt erst wenige Jahrzehnte zurück. Wenn man sich vor Augen hält, dass der britische Arzt und vielseitige Naturforscher James Parkinson bereits 1817 in einer umfangreichen Abhandlung die Erscheinungsformen und die Auswirkungen des Morbus Parkinson gründlich beschrieben hat, dann muß man staunend zur Kenntnis nehmen, dass in den vergangenen zweihundert Jahren nur wenig über die Ursachen der Krankheit bekannt geworden ist, die später, in Anerkennung seiner grundlegenden Erkenntnisse, nach ihm benannt wurde.

Allein in Deutschland gibt es schätzungsweise 250.000 bis 300.000 an Parkinson leidende Menschen, weltweit sind es etliche Millionen.

Mit zunehmendem Lebensalter erhöht sich die Wahrscheinlichkeit, daran zu erkranken. Die weitaus meisten Neuerkrankungen betreffen Menschen, die 60 Jahre und älter sind. Nur ein geringer Anteil der Patienten ist jünger als 40 Jahre. Es gibt bis heute keine grundlegen-den Erkenntnisse zu den Ursachen der Krankheit. Allenfalls weiß man, dass sie nicht selten durch Vererbung weitergegeben werden kann. Diese Unsicherheit ist natürlich höchst unbefriedigend. Bei Parkinsonkranken sterben bestimmte Gehirnzellen allmählich ab. Diese Zellen sind für die Produktion und für die Speicherung von lebensnotwendigen sogenannten Botenstoffen zuständig, in diesem Fall für die Produktion des Botenstoffs Dopamin. Das Dopamin bewirkt seinerseits die Übermittlung von Nachrichten zwischen bestimmten Zellen. Das fortschreitende Nachlassen der Dopaminproduktion kann bereits einige Jahre vorher einsetzen, ehe die ersten parkinsontypischen Anzeichen bzw. Symptome beim Patienten auftreten.

Diese Symptome äußern sich, wie schon erwähnt, als Bewegungsstörungen wie etwa dem Zittern der Hände, Muskelsteifheit, Verlangsamung der Bewegungsabläufe, Überbeweglichkeit, Gleichgewichtsstörungen oder auch das Gehen mit nach vorne gebeugtem Oberkörper. Diese Anomalitäten zeigen sich bei betroffenen Menschen in sehr unterschiedlichem Ausmaß. Manchen sieht man die Krankheit kaum an, und sie verläuft sehr schleppend. Vielen macht sie mehr als zu schaffen, weil das Leiden sie mit voller Wucht trifft und zudem schnell voranschreitet.

Weil Ausprägung und Verlauf der Krankheit sich von Patient zu Patient recht unterschiedlich darstellen, muß auch die medizinische Behandlung in unterschiedlicher Weise erfolgen. Es ist also eine individuelle, wenn man will, eine maßgeschneiderte Anpassung der Therapien ratsam , und zwar so rechtzeitig wie irgend möglich.

Die weltweit unzähligen „Parkis", wie man die Bedauernswerten gelegentlich und eher liebevoll nennt, werden von der Diagnose an medikamentös behandelt. Die verordneten Arzneimittel sorgen für die Bildung, teilweise auch für Simulationswirkungen des vom eigenen Gehirn nicht mehr ausreichend produzierten Botenstoffs Dopamin, was die Beschwerden der Betroffenen erheblich lindert. Als wertvolle ergänzende Maßnahmen helfen ihm Krankengymnastik, Ergotherapie, Logopädie und Ähnliches, um sich mental und körperlich zu so gut es geht in Form zu halten.

Im fortgeschrittenen Stadium zeigen die bewährten Medikamente oftmals nicht mehr die gewohnte Wirkung. Vor nicht allzu langer Zeit galten solche Patienten als austherapiert, das heißt, es konnte Ihnen mit den bis dahin gegebenen Mitteln nicht mehr geholfen werden. Zum

Glück entwickelten Hirnchirurgen in Zusammenarbeit mit Neurologen und Medizinern anderer Fachgebiete die sogenannte Tiefe Hirnstimulation. Dabei wird - analog zum Herzschrittmacher - ein bestimmter Bereich des Gehirns elektrisch stimuliert. Von diesem als Hirnschrittmacher bezeichneten Implantat haben mittlerweile viele Tausende „Parkis" allein in Deutschland profitiert.

Meiner Frau blieb in den langen Jahren ihres Leidens nur wenig von dem erspart, was die Krankheit alles so mitbringen kann. Bei ihr wurde - in allerbester Absicht - medikamentös sehr viel experimentiert. Das erfordert Zeit, Sorgfalt und Geduld und eine andauernde, intensive Beobachtung des Patienten. Ein solches Vorgehen führt am Ende zu einer optimalen Einstellung mit individuell zusammengestellten Parkinson-Medikamenten. Ihre rund fünfzig Aufenthalte in Kliniken und Kurhäusern innerhalb von dreißig Jahren lassen erahnen, welche immensen therapeutischen Bemühungen diese heimtückische Nervenkrankheit erfordern kann. Weil sie unaufhaltsam fortschreitet, muß die Medikation immer wieder dem aktuellen gesundheitlichen Zustand des Patienten angepaßt werden. Die klinische Aufenthaltsdauer meiner Frau lag manchmal bei wenigen Tagen, meist jedoch zwischen drei und mehr als sechs Wochen.

Sie ertrug das alles mit großer Geduld und erstaunlicher Gelassenheit und wußte sich in der Obhut der Ärzte und des Pflegepersonals gut aufgehoben. Ich hatte zuweilen ein etwas ungutes Gefühl, wenn mir die aktuelle Medikation nicht ganz optimal vorkam und ich die behandelnden Neurologen daraufhin ansprach. Oder wenn ich öfter die Stationsschwestern darin erinnern mußte, dass der letztfällige Einnahmetermin der Tabletten schon lange überschritten war. Bei solchen Gegebenheiten zeigte sich die hoffnungslose Überforderung des Pflegepersonals. Dem blieb oftmals nicht genügend Zeit, den hilfebedürftigen Patienten das Essen zu reichen oder beim Trinken zu helfen. Immer wieder sprang ich dann ein und übernahm Aufgaben, die eigentlich der Klinik vorbehalten waren. Auch deshalb habe ich meine Frau bei ihren Dutzenden von Aufenthalten in Krankenhäusern und Kurorten vollzeitlich begleitet, das heißt vom Frühstück an bis hin zum Abendessen. So konnte ich tagsüber bei ihr sein, wofür sie sehr dankbar war. Lag die Klinik weiter von zu Hause weg, dann übernachtete ich oft wochenlang vor Ort in nahegelegenen Hotels, gelegentlich auch in klinikeigenen Gästezimmern.

Mit vielen der behandelnden Neurologen konnte ich offen und vertrauensvoll reden, wenn es um therapeutische Maßnahmen ging. Ziel der Gespräche war ja, mit der Art, der Dosis und der täglichen zeitlichen Verabreichungsfolge der unterschiedlichsten Parkinsonmedikamente eine zufriedenstellende Lösung zu finden. Dabei liegt ja auf der Hand, dass die pflegenden Angehörigen durch den ständigen Umgang mit dem Kranken die Wirkung der Medikamente auf dessen Befinden am besten einschätzen können.

Ich konnte immer wieder feststellen, dass

versierte Mediziner die Erfahrungen der Angehörigen als hilfreich empfanden und sie bei den vorgesehenen Therapien berücksichtigten. Insofern ergab sich in der Regel eine nützliche und fruchtbare „Zusammenarbeit". Es sollte eigentlich Standard sein, dass ein Arzt vernünftige, sinnvolle Hinweise und plausible Argumente sowohl der erkrankten Person als auch die ihres Umfeldes in seine Behandlung einfließen läßt.

Andererseits hatte ich immer wieder mit zum Teil namhaften, hochrangigen Neurologen zu tun, die kaum Wert auf Bedenken, Einwendungen oder gar auf vorsichtig vorgetragene Vorschläge der Angehörigen legten, gelegentlich sogar unwirsch reagierten. Die Meinung der Betroffenen erschien ihnen unerwünscht. Nicht selten ordnen Fachärzte radikale Änderungen in der Medikation an, was den Zustand des Patienten meist verschlechtert.

Ein unschönes Beispiel: Meiner Frau wurde eine Hüftprothese implantiert. Man weiß, das insbesondere bei Parkinsonkranken die Narkose bei aller Umsicht zu Komplikationen führen kann. Die stellten sich bei meiner Frau prompt ein. Nicht lange nach der Operation war sie derart stark überbeweglich, ein bei „Parkis" bekanntes Phänomen, dass sie in ein eine Woche andauerndes künstliches Koma gesetzt werden mußte. Erfahrene Neurologen hätten sie mit einer entsprechenden Spritze akut ruhig gestellt. Es kam noch hinzu, dass eine nicht mit uns abgestimmte, radikale Umstellung der gewohnten und bewährten Medikamente bei gleichzeitig höherer Dosierung des Wirkstoffs Dopamin vorgenommen wurde. Das hatte schlimme Folgen, die sich weit bis in die anschließende Rehabilitationszeit erstreckten. Ich hatte allergrößte Mühe, die Neurologen in der „Reha" davon zu überzeugen, dass es meiner Frau von Vorteil sein würde, wenn man sie auf die frühere, bewährte Medikation zurückstellte. Endlich wurde das dann gemacht und war auch erfolgreich. Zur großen Verwunderung des Klinikpersonals ging es ihr plötzlich bedeutend besser.

Wegen dieser unerfreulichen Abläufe schrieb ich dem Chefneurologen der in die Reha überweisenden Klinik folgenden wortwörtlichen Brief (Personennamen sowie Ortsnamen wurden geändert):

Herrn Prof. Dr. Müller
Neurologische Klinik
Baumstr. 1
12345 Neulingen

Ihre Medikation/Morbus Parkinson bei Frau G. K.
nach Hüft-TEP rechts mit postoperativen Problemen

Sehr geehrter Herr Professor Müller,

ich wende mich heute an Sie, weil meine Frau G. K. während ihres Aufenthalts in Ihrer Klinik medikamentös nicht gerade glücklich bezüglich ihres Morbus Parkinson behandelt wurde. Die verordnete Medikation hat das gesundheitliche Befinden meiner Frau negativ beeinflußt. Erst während der anschließenden Reha in Bad Brunnen konnten wir ihren Zustand schrittweise nach unerfreulichen 4 bis 5 Wochen so verbessern, dass er in etwa dem vor der OP entsprach, übrigens bei exakt der Medikation, auf die meine Frau auch vor der OP eingestellt war. Aber der Reihe nach:

meine Frau G. K., geb. 18.01.1939, erhielt am X.X.X. bei Prof. Meier eine Hüft-Endoprothese rechts

als Folge insbesondere der Anästhesie, aber auch der OP an sich war mit Komplikationen in Bezug auf ihren Morbus Parkinson zu rechnen, welche auch eintraten

Von den 14 Tagen Klinikaufenthalt verbrachte sie mehr als die Hälfte auf der neurologischen Wachstation. In dieser Zeit litt sie an großer Unruhe bzw. an Überbeweglichkeit (Hyperkinese).
Deshalb wurde sie nachts aus der Wachstation öfter „ausquartiert", um die Bettnachbarn nicht zu stören.

Medikation vor der OP: ca. 280 mg Dopamin (Madopar 125 T) in 6 Gaben über den Tag verteilt (6.00, 9.00, 12.00, 15.00, 18.00, 21.00), zusammen mit jeweils 100 mg Entacapone; im Übrigen lag dieser Medikationsplan dem Klinikum Neulingen vor

Entlassungsmedikation nach der OP: ca. 500 mg Dopamin (4 x Stalevo in 4 Gaben 7.00, 11.00, 14.00, 19.00), zusätzlich eine Tablette Madopar retard 100 mg um 22.00;
diese Medikation führte zu erheblicher Unruhe bei meiner Frau sowohl tagsüber, besonders auch in der Nacht (Wirkung des Madopar retard !)

gleich am ersten Abend in der Rehaklinik Bad Brunnen wurde meine Frau auf die Wachstation/Neurologie verlegt, und schon am nächsten Tag wurde sie ganz von der neurologischen Abteilung übernommen
wegen der voraufgegangenen nächtlichen „Unruhe-Erscheinungen" habe ich als Erstes die für 22.00 verordnete Madopar

100 retard entfernt; die Nacht verlief erwartungsgemäß ruhig

die behandelnde Neurologin Frau Dr. Schmidt hat daraufhin die Madopar 100 retard folgerichtig abgesetzt;
darüber hinaus hat sie die 4 Stalevo 100 über einen längeren Zeit Raum verteilt, statt von 7.00 bis 19.00 auf dann 7.00 (1), 10.00 (1/2), 13.00 (1), 17.00 (1/2), 21.00 (1);
das war immer noch zuviel Dopamin (400 mg). Folge davon: Die diversen Therapeuten konnten meine Frau wegen z.T. stärker Überbeweglichkeit nicht behandeln

nach wiederholten Gesprächen mit den dortigen Neurologen wurde das Stalevo 100 reduziert von 400 mg täglich auf auf 350 mg und kurz darauf auf 300 mg, verteilt auf 6 Gaben, wie es meine Frau gewohnt war

ihr Zustand war nach wie vor nicht befriedigend: apathisch, müde, Übelkeit, Appetitlosigkeit, leises, verwaschenes Sprechen ich habe ihr einige Tage später, jeweils um 12.00, 15.00, 18.00 anstelle von Stalevo ihr gewohntes Madopar 125 T (1/2 Tablette) und Entacapone, ebenfalls 1/2 Tablette, verabreicht.; es ging ihr dann besser

einen Tag später ein Gespräch mit dem behandelnden Oberarzt Schulte: daraufhin Umstellung von Stalevo auf Madopar + Comtess auf 6 Gaben wie vor der OP

mit dieser Medikation wurde meine Frau 5 Tage später aus der Reha entlassen, ihr Zustand ist seither befriedigend: z.B. keine Übelkeit vom Magen, keine Appetitlosigkeit;
auch das Pflegepersonal in Bad Brunnen zeigte sich von der positiven Entwicklung überrascht und angetan

Herr OA Schulte hat sich ausdrücklich für meine Hinweise zu Medikation bedankt;
die Neurologen der Rehaklinik kannten die medikamentöse Vorgeschichte bei meiner Frau nicht. Sie mußten sich daher an die diesbezüglichen Vorgaben halten, die Ihr

Haus mit der Entlassungsmedikation gemacht hatte.

Sehr geehrter Herr Professor Müller,
die oben geschilderte „Leidensgeschichte", die meine Frau im Anschluß an die Hüftoperation durchlebt hat, hätte bei besserer Abstimmung mit uns zumindest erheblich gemildert werden können. Aus langjähriger Erfahrung mit der Krankheit meiner Frau und auch aus Kenntnis von anderen Parkinsonkranken wissen wir, dass auch nur geringfügige Änderungen der Medikation schwerwiegende Auswirkungen auf das Befinden der Betroffenen haben können. Im oben geschilderten Fall wurde mit Stalevo ein für meine Frau neues (Kombinations-) Medikament verabreicht, dazu noch in deutlich höherer Dosierung. Die Auswirkungen waren, nahezu zwangsläufig, doch sehr schwerwiegend. Wir sind heilfroh, dass die Angelegenheit offensichtlich einigermaßen überstanden ist. Ich mag mir nicht ausmalen, wie es jetzt um meine Frau stünde, wenn, in aller Bescheidenheit, nicht eingegriffen hätte.

Mir wäre es viel lieber gewesen, sehr geehrter Herr Professor Müller, wenn sich dieses Schreiben an Sie erübrigt hätte. Und mir ist auch bewußt, dass auch und gerade in der Medizin oft schnelle Entscheidungen getroffen werden müssen und auch Kompromisse erforderlich sind. Anderseits hielt ich es für angezeigt, Ihnen zu schildern, was wir in Ihrem Hause und in der Folge davon in der anschließenden Reha erlebt haben.

Mit freundlichen Grüßen,

Nun zitiere ich den vorstehenden Brief an dieser Stelle nicht, um Internes aus Kliniken auszuplaudern. Auch hege ich keinerlei Gedanken der Genugtuung, etwa weil ich einem namhaften Neurologen zeigen wollte, wie Parkinsonkranke „richtig" behandelt werden müssen. Nein, ich stellte immer wieder fest, dass bei vielen der Klinikaufenthalte meiner Frau die Dosierung des Dopamin sehr unsensibel gehandhabt wurde. Sie erhielt häufig zu viel davon. Die Folge war in der Regel eine starke

Überbeweglichkeit. Nicht zuletzt deshalb hatte ich mir angewöhnt, möglichst oft in ihrer Nähe zu sein. So konnte ich im Bedarfsfall den behandelnden Arzt ansprechen und meist im Einvernehmen mit ihm etwa notwendige Korrekturen der Medikation erreichen.

Ein schönes Beispiel für eine solche Vorgehensweise, und das über viele Jahre hinweg bis schließlich wenige Wochen vor ihrem Ableben, war das sehr persönliche Verhältnis zu einem Neurologen, der als junger Assistenzarzt vom Anfang ihrer Krankheit an meine Frau klinisch betreut hatte. Er behandelte sie mit großem Einfühlungsvermögen und bezog die Erfahrungen der Angehörigen stets in seine Überlegungen mit ein. Dieses eigentlich selbstverständliche und höchst wünschenswerte ärztliche Vorgehen behielt er nach meiner Beobachtung sein ganzes verantwortungsvolles Berufsleben über bei, gleichgültig ob später als Oberarzt und dann als Chefarzt mit Professorentitel an einer renommierten neurologischen Klinik.

Während in Krankenhäusern mit integrierter Neurologie die fachgerechte Behandlung von Parkinsonkranken sowohl seitens des ärztlichen Personals als auch der Pflegekräfte im Grunde sichergestellt ist, gibt es oft dann Probleme, wenn der Betroffene wegen einer anderen Krankheit, etwa wegen eines Hüftleidens, beispielsweise in einer orthopädischen Klinik stationär behandelt werden muß. Dort fehlt meist die neurologische Erfahrung, und besonders das Pflegepersonal wirkt uninformiert und hilflos, etwa bei der Bereitstellung der Parkinsonmedikamente zum angeordneten Zeitpunkt. Auch werden diese nicht selten zusammen mit den Mahlzeiten gereicht, was ihre Wirksamkeit herabsetzt.

Ohne Frage behandelt der gute Arzt seine Patienten gemäß seiner ärztlichen Berufsethik und selbstverständlich möglichst nach den neuesten medizinischen Erkenntnissen. Deshalb hat und schätzt so gut wie jeder von uns „den Arzt seines Vertrauens", bei dem man sich aufgehoben fühlt und zu dem man ein gutes zwischenmenschliches Verhältnis pflegt. Darauf sind, natürlich nicht nur, doch insbesondere die Parkinsonpatientenangewiesen. Bereits vom Zeitpunkt der Diagnose an und später bei fortgeschrittener Teneriffa Erkrankung ist eine fein abgestimmte medikamentöse Einstellung ent-scheidend. Weil sich das Erscheinungsbild der Krankheit von Patient zu Patient sehr unterschiedlich darstellt, sind Erfahrung und Feinfühligkeit des behandelnden Arztes gefordert. Hat er die o p t i m a l e i n d i v i d u e l l e M e d i k a t i o n herausgefunden, sollte diese streng eingehalten werden. Schon sehr geringe Änderungen in der Art, in der Kombination und schließlich in der Dosierung der g e w o h n t e n M e d i k a m e n t e k ö n n e n schlimme Auswirkungen haben. Auch w e r d e n P r o d u k t e v e r s c h i e d e n e r Pharmafirmen, die zwar den gleichen Wirkstoff enthalten, von den einen Erkrankten vertragen, von anderen nachweislich dagegen nicht. Allerdings kann der Wechsel auf ein alternatives Arzneimittel erfahrungsgemäß sehr erfolgreich sein. Weil die Ursachen der Krankheit leider weiterhin unerforscht sind, kann man sie sozusagen nicht von der Wurzel her behandeln, was unter Umständen gänzlich neue Therapieansätze eröffnen würde. Doch mit Hilfe der in den letzten Jahrzehnten entwickelten großartigen, unterschiedlichen, wirksamen Therapien kann den Betroffenen eine spürbare Linderung ihres Leidens zuteil werden und damit ein besserer, ein erträglicher Alltag. Hieran erkennt man die intensiven Bemühungen kreativer Neurologen, Pharmakologen und vieler anderer Beteiligter, die größte Anerkennung verdienen. Diese enormen Leistungen sind um so höher zu bewerten, wenn man bedenkt, dass es vor gar nicht allzu langer Zeit so gut wie keine wirksamen Therapien gab zur Bekämpfung oder auch nur zur Linderung des Parkinsonschen Syndroms.

Das Leben mit Parkinson hat ohne Frage tiefgreifende Einschnitte in den Tagesrhythmus der Betroffenen wie auch in den ihrer Angehörigen zu Folge. Alltäglich sind in der Regel schwerwiegende Einschränkungen zu meistern. Und hier denke ich dankbar an die vielen, vielen Menschen, die meiner Frau und damit auch mir es möglich machten, trotz ihrer Erkrankung ein sinnvolles, ausgeglichenes Leben zu führen. Ich erinnere mich sehr gern an die vielen Ärzte, die vielen Schwestern in den Kliniken und Kurhäusern, an die unterschiedlichsten Therapeuten etwa der Physiotherapie, der Ergotherapie, der Logopädie und andere, die uns nach Kräften geholfen haben, uns immer wieder Hoffnung machten und uns wertvolle Hinweise zum richtigen Umgang mit der Krankheit gegeben haben.

Die letzten Jahre

Nach mehr als fünfundzwanzig Jahren geduldig ertragenen Leidens kam es immer häufiger zu körperlichen Beschwerden, die mit ihrer Grundkrankheit Parkinson nicht direkt zu tun hatten. So mußte meine Frau sich verschiedenen Operationen unterziehen. Mal wurde ihr ein neues Hüftgelenk implantiert, ein anderes Mal ein gutmütiger Tumor aus der Bauchhöhle entfernt. All diese Eingriffe fanden natürlich unter Narkose statt, die gerade bei Parkinsonkranken erhebliche nachteilige Auswirkungen haben kann. Das war auch bei meiner Frau der Fall. Trotz umsichtiger Vorgehensweise der Anästhesisten und unter Berücksichtigung der insbesondere bei „Parkis" notwendigen Vorsichtsmaßnahmen bei der Auswahl der Narkosemittel kam es immer wieder zu ernsthaften Problemen nach der OP, beispielsweise zu einer extremen Überbeweglichkeit. Manchmal wurde meine Frau dann in ein künstliches Koma versetzt, bei künstlicher Beatmung und Ernährung, was im Extremfall bis zu vier Wochen andauerte. Es ist schon bemerkenswert und war für uns und ihr Umfeld immer wieder erstaunlich, wie verhältnismäßig schnell meine Frau solche gesundheitlichen Rückschläge abschüttelte.

Auch hier möchte ich darauf hinweisen, dass man als Betroffener und auch als Angehöriger die medikamentöse Einstellung des Patienten seinem Zustand entsprechend beobachten sollte, weil die Wirkungsweise der parkinsonspezifischen Medikamente nach Narkose und Operation sich manchmal dramatisch ändern kann. Besondere Aufmerksamkeit ist dann geboten, wenn in der behandelnden Klinik nur wenige oder so gut wie keine Erfahrungen mit der Grunderkrankung vorhanden sind. Dann sind vor allem eine gute Verständigung und die Bereitschaft zur vertrauensvollen Zusammenarbeit zwischen den verantwortlichen Ärzten, dem Pflegepersonal und den Betroffenen gefragt. Ist das der Fall, hat der „Parki" den Nutzen davon, er ist optimal ärztlich versorgt.

Mir selbst ging es gottlob unter Berücksichtigung meines Alters, ich hatte inzwischen das 80. Lebensjahr vollendet, gesundheitlich gut. Natürlich erforderte die Bewältigung der täglichen Aufgaben viel Kraft. Die meiste Zeit kostete natürlich die „Rund-um-die-Uhr-Pflege" meiner Frau. Haushaltsübliche Tätigkeiten wie das Einkaufen, das Zubereiten der Mahlzeiten und auch die Wäschepflege kamen dazu. Für die regelmäßige Reinigung der Wohnung und die Pflege unseres Gartens hatten wir uns Hilfe von außen besorgt, was eine große Entlastung bedeutete. Ich lernte mit der Zeit, unseren täglichen Aufgaben eine gewisse Struktur zu geben. Und so gingen mir die Arbeiten leichter von der Hand. Gleichwohl mahnte unser einige Autostunden von uns entfernt lebende Sohn gelegentlich an, uns das Leben doch leichter zu machen. Wir könnten zum Beispiel das Haus gegen eine behindertengerechte Wohnung tauschen. Weitere Entlastung brächte eine Haushaltshilfe, speziell für die Pflege meiner Frau. Wir sollten uns doch darum bemühen, weil mir als betreuendem Ehemann die nun schon viele Jahre dauernde Belastungen allmählich zu viel würden. Selbstverständlich war mir das alles bewußt. Ich verstand ja die fürsorglichen Ratschläge unseres Sohnes. Und doch hatten meine Frau und ich uns vorgenommen, solange wie möglich in der uns seit Jahrzehnten vertrauten Umgebung zu bleiben. Zudem unser ebenerdig gebautes Haus behindertenfreundlich angelegt ist. Von draußen ist es leicht zugänglich, innen gibt es keine Treppen. Alle Räume sind mühelos mit dem Rollstuhl anzufahren, und im Bad sind die notwendigen sanitären Hilfsmittel vorhanden. Nach meiner Vorstellung war aus diesen Gründen das Zusammenleben mit meiner parkinsonkranken Frau auch weiterhin zu bewältigen. Zumal fühlte ich mich körperlich und, soweit man das von sich behaupten darf, auch mental dazu in der Lage. Außerdem war ich stets davon überzeugt, auf diese Weise einigermaßen fit zu bleiben. Ich konnte mich also von den bei manchen meiner Altersgenossen mit gutem Recht beliebten „Muckibuden" fern halten und auch auf andere der von mir nicht sonderlich geschätzten Körperertüchtigungen wie Radfahren, Waldlaufen oder auch auf Gymnastiken jeglicher Art dankbar verzichten. Übrigens wurde mir diese meine, sicherlich nicht zuletzt durch eine Art Bequemlichkeit getragene Einstellung von einem befreundeten Kardiologen immer wieder bestätigt, was mir eine gewisse innere Genugtuung bereitete.

In den letzten fünf Lebensjahren meiner Frau war das Fortschreiten ihrer Krankheit offensichtlich. Tagsüber schlief sie mehr als früher. Überhaupt war sie viel ruhiger als gewohnt. Die Aufenthalte in Krankenhäusern häuften sich. Manchmal waren es Stürze innerhalb oder auch außerhalb des Hauses, mit stark blutenden Platzwunden großenteils am Kopf, die meist genäht werden mußten. Auch stellten sich urologische und andere Beschwerden ein. Entzündungen der Blase setzten die Wirkung des Dopamins herab. Auch deswegen waren neurologische Überprüfungen in den entsprechenden Fachkliniken von Zeit zu Zeit nötig. Bei all diesen Beschwerlichkeiten war uns ihr trotz ihrer Krankheit geduldiges, natürliches, zufriedenes Wesen nach wie vor sehr hilfreich und machte unser Leben leichter.

Sie hatte sich mit ihrer Krankheit arrangiert, sie akzeptiert und so gut wie nie danach gefragt, warum ausgerechnet sie davon betroffen war. Diese bewundernswerte Haltung hat uns beiden über Vieles hinweg geholfen.

An dieser Stelle möchte ich darauf verzichten, weitere ihre Grunderkrankung betreffenden Einzelheiten anzusprechen. Es gäbe noch einiges Deprimierende, ja oftmals Traurige zu berichten, das uns beiden in den langen Jahren begegnet ist. Mir kam es vor allem darauf an, einige unserer Erfahrungen im Umgang mit dem Morbus Parkinson aufzuzeigen und den Betroffenen den einen oder anderen nützlichen Hinweis zu geben. Weil die derzeit zu Verfügung stehenden, bewährten Medikamente sich oft unterschiedlich auswirken, ist es für den Erkrankten und gegebenenfalls gleicher-maßen für die pflegenden Angehörigen und andere betreuende Personen wichtig, den Einfluß der verordneten Medikamente auf den Patienten möglichst genau zu verfolgen. Das nützt nicht nur den Beteiligten, sondern oftmals profitieren davon auch die behandelnden Mediziner, was auch unsere Hausärzte immer wieder ausdrücklich anerkannten.

Selbst in ihren letzten Jahren haben meine Frau und ich uns wie gewohnt mit Verwandten und Freunden getroffen und ebenso an öffentlichen Veranstaltungen teilgenommen. Ich denke dabei mit Dankbarkeit zurück an die oft unglaublich interessanten, abwechslungsreichen und schönen Augenblicke, Stunden, Wochen, die wir trotz Parkinson erleben durften.

Theaterbesuche, Musikaufführungen, vor allem aber die von uns beiden so geliebten Jazzkonzerte, bei denen ich gelegentlich aktiv mitwirken durfte, hatten wir besonders gern, ebenso wie die Besichtigungen von kulturellen Orten und Ausstellungen der verschiedensten Art. Wir hatten keinen Mangel an Abwechslung, geschweige denn Langeweile.

Besonders am Herzen lagen uns kürzere oder auch längere Reisen. In Deutschland von uns bevorzugte Ziele waren die Regionen um Bodensee und Mosel. Dort fühlten wir uns wohl, zumal wir einige Jahre unweit des „Schwabenmeers" gelebt hatten.

Die Mosel mit ihren teils sanften, teils s c h w i n d e l e r r e g e n d s t e i l e n, weinbewachsenen Anhöhen zog uns immer wieder wie ein Magnet an. Längs des Flusses reiht sich ein berühmter Weinort an den anderen, Traben Trarbach, Kröv, Zell, Piesport, Trittenheim, Thörnich, um nur einige zu nennen. Das milde Klima dort tat uns beiden gut, unsere freundlichen, verständnisvollen Gastgeber machten uns den Aufenthalt so angenehm wie irgend möglich.

Zur Überraschung des einen oder anderen unserer Angehörigen und Freunde ließen wir uns von Reisen ins näher oder auch ins weiter gelegene Ausland nicht abhalten. So verbrachten wir schöne Ferien auf Mallorca, besonders im Frühling und im Herbst.

In diesen Jahreszeiten herrscht dort ein gemäßigtes, bekömmliches Klima, und man begegnet weitaus weniger Touristen als in den von den Sonnenfreunden begehrten Sommermonaten. Die Aufenthalte auf der Baleareninsel bescherten uns schöne Erinnerungen. Gerne nahmen wir an Ausflügen zu historisch und/oder kulturell wertvollen Stätten, manchmal auch an geselligen Veranstaltungen unserer Reiseleitung teil.

Bei solchen Unternehmungen stand nicht unbedingt der Erholungsfaktor im Vordergrund, sondern einfach die Lust auf Fremdes, Unbekanntes. Wir besuchten diese Länder, auch um unser Geschichtsverständnis zu erweitern, so die Karibikinsel Kuba. Dabei kam die kulturelle Seite bei solchen Reisen nicht zu kurz. So erfreuten wir uns an folkloristischen Musikaufführungen, an Darstellungen der bildsamen Künste, am Besuch historischer Stätten. Das war auch Motivation für uns zu einem kurzen Abstecher in die Vereinigten Emirate, wo wir die als extrem modern, beeindruckend und zukunftsgerichtet einzuordnenden Großräume Dubai und Abu Dhabi besichtigen konnten. Wie auch immer gehen die Meinungen auseinander, ob diese massiven, futuristischen, zum Teil himmelhohen Bauten schön oder zweckmäßig oder gar vorbildlich und damit sehenswert seien. Wir jedenfalls waren der Meinung und dankbar, dass wir eine uns bisher unbekannte Gegend unseres so vielseitigen Planeten erleben durften.

Immer wieder verreisten wir für einige wenige Tage oder übers Wochenende, etwa zu unserem Sohn und Familie und auch zu unseren „auswärtigen" Freunden. Diese Kurzreisen waren ein wohltuender Kontrast zu unserem täglichen Alltag daheim. Allerdings legten wir Wert darauf, dass meine Frau körperlich und mental nicht überbelastet wurde. Sie freute sich jedesmal, wenn wir uns ins Auto setzten, um für ein paar Tage unser Heim zu verlassen. Wichtig war uns ein ausgewogenes, möglichst strapazenfreies Reisen. Wir kamen dann glücklich und zufrieden und mit vielen neuen Eindrücken zurück, frisch motiviert für den häuslichen Alltag daheim.

Weil die Parkinson`sche Krankheit sich wie gesagt individuell sehr verschieden sich äußert und verläuft, ist das gesundheitliche Befinden der Betroffenen ebenfalls recht unterschiedlich. Deshalb liegt mir fern, das Reisen an sich sozusagen als Allheilmittel zu empfehlen. Nicht jeder kann oder will es sich leisten . Daher dürfte es nur eine von verschiedenen Möglichkeiten sein, in den gewohnten Alltag Abwechslung zu bringen, ihn anders anzugehen, sich am gelegentlichen „Tapetenwechel" zu erfreuen, ihn aufzulockern . Viele unter den „Parkis" sind körperlich nicht in der Lage, geschweige denn in der Stimmung zu verreisen, was oft auch für ihre Angehörigen gilt. Hilfreich sind allemal die liebevolle Zuwendung und aufmerksame Zuneigung seitens der betreuenden Personen, weil das dem Kranken seinen in der Regel mühsamen und beschwerlichen Tagesablauf enorm erleichtert, seine Lebensfreude fördert.

Als weitere gute Möglichkeit, unser tägliches Einerlei aufzulockern, nutzten wir die sogenannte Tagespflege, die von mehreren gemeinnützigen Organisationen angeboten wird. In ihren letzten zwei, drei Lebensjahren besuchte meine Frau die Tagespflege mit großer Freude, man kann fast sagen mit Begeisterung. Sie wurde morgens abgeholt und nachmittags zurück gebracht. Anfangs nahm sie das Angebot einmal, später zweimal die Woche wahr. Sie liebte das Zusammensein mit den ihr nach und nach vertrauter werdenden anderen Betreuten. Die regelmäßigen unbeschwerten Stunden außerhalb ihrer eigenen vier Wände bedeuteten ihr viel, sie taten ihr gut. Nicht zuletzt kommt diese Einrichtung den pflegenden Angehörigen zugute, können sie doch in Abwesenheit ihres Schutzbefohlenen erledigen, wozu ihnen ansonsten die Zeit oder auch die nötige Ruhe fehlt.

Unser Sohn, und auch einige andere uns Nahestehende, gaben wiederholt den Rat, mich endlich von der „Rund-um-die Uhr-Pflege" spürbar zu entlasten. Letztlich haben wir uns dazu durchgerungen, die

Dienste von 24-Stunden Pflegekräften in Anspruch zu nehmen. Die Entscheidung fiel uns nicht leicht, weil eine solche Maßnahme den gewohnten häuslichen Tagesablauf gravierend verändern kann. Zum einen sind bestimmte Voraussetzungen zu schaffen, denn die pflegende Person hat Anspruch auf einen eigenen Wohnbereich, wo sie sich in angemessener Weise aufhalten kann. Dieser Wohnbereich sollte praktischerweise möglichst in der Nähe zum Schlafraum des oder der Kranken liegen. Die gesamte Wohnung, insbesondere der Sanitärbereich, sollten behindertengerecht ausgestattet sein. Nicht zuletzt ist der finanzielle Aufwand zu bedenken, der für die Entlohnung, für die Unterbringung sowie für die Beköstigung der Pflegeperson erbracht werden muß.

Wir engagierten also eine Hilfskraft für die 24-Stunden-Pflege, um Erfahrungen zu sammeln. Das Ganze war natürlich für uns gewöhnungsbedürftig, vor allem für meine Frau. Sie wurde vom Aufstehen bis zum Schlafengehen nicht mehr von mir, sonden von einem ihr zunächst fremden Menschen betreut. Dessen Aufenthalt bei uns umfaßte normalerweise drei Monate. Danach wurde er von einer anderen Hilfskraft abgelöst, an die wir uns aufs Neue gewöhnen mußten.

Anfänglich hatten die Pflegepersonen schon mal kleinere oder manchmal auch größere Probleme im Umgang mit meiner Frau, der die Umstellung von mir auf eine andere   Hilfe merklich schwer fiel. Auch für mich war das nahezu ständige Zusammensein mit einem eigentlich nicht geplant anwesenden Haus- und Tischgenossen immer wieder gewöhnungsbedürftig. Ich fühlte mich eingeengt und nicht so recht wohl in meiner Haut. Und doch war die von uns gewählte Lösung rückblickend richtig, weil von mir der große Druck abfiel, Tag und Nacht ständig bereit zu stehen.

Während der etwa ein Jahr dauernden Pflege durch auswärtige Hilfskräfte besuchte meine Frau nach wie vor zweimal in der Woche die Tagespflege. Sie fühlte sich dort wohl, ihre Betreuerinnen hatten sie wegen ihrer freundlichen, sympathischen Art ins Herz geschlossen und ganz sicher auch umgekehrt.

Eines Tages rief mich die Leiterin der Einrichtung an. Meiner Frau gehe es nicht gut, sie habe, eigentlich ungewöhnlich für sie, keinen Appetit und wirke teilnahmslos. Ich möge sie doch nach Hause holen. Nachdem sich ihr Zustand auch tags darauf nicht besserte, ließ ich sie über den Notarzt in eine Klinik einweisen. In aller Kürze: Es wurde ein akuter Darmverschluß diagnostiziert, es folgte eine dreistündige Operation, sie lag bei künstlicher Beatmung und Ernährung etwa drei Wochen im künstlichen Koma, wurde danach versuchsweise extubiert, das Koma aufgehoben. Sie konnte unerwarteterweise wieder eigenständig atmen, verweigerte aber jegliche Nahrungsaufnahme. Total geschwächt schlief sie zwei Wochen später friedlich ein.

Zum Schluß

Es ist mir ein Anliegen, folgende kleine Auswahl schriftlicher Beileidsbezeugungen von Verwandten und Freunden auszugsweise, doch im Originaltext anzuhängen. Die letzten, herzlichen Bekundungen zum Tode meiner Frau sollen zeigen wie sie war, ein freundlicher, gewinnender Mensch, ein standfester Charakter und wie andere von ihr dachten, was sie ihnen bedeutete und wie sie ihnen begegnete, nämlich

liebenswürdig, verläßlich, hilfsbereit, zurückhaltend, bescheiden, tolerant.

Hier einige Auszüge:

.... „ wir sind traurig über Tante G.´s Tod.Sie wird uns aber als wunderbarer Mensch in Erinnerung bleiben und hinterläßt eine leuchtende Spur in unserem Leben" ....

.... „ wir werden Tante G. mit ihrer Art und wie sie mit ihrer Krankheit umgegangen ist, tief in unseren Herzen und in unserer Erinnerung behalten als einen wunderbaren Menschen" ....

.... „ meine Tante G. hat mich in meinen jungen Jahren immer positiv beeinflußt. Mir hat vor allem ihre weltoffene und zugewandte Art sehr gefallen, wodurch sie in der gesamten Verwandtschaft herausstach.
Viele schöne Erinnerungen sind damit verbunden. Als wir mal eine Geisterbahn aus Pappkartons gebaut hatten, war sie die erste, ich glaube auch die einzige, die uns Kindern die Freude gemacht hat, hindurch zu kriechen" ....

.... „ viele Jahre sind wir in freundschaftlicher Verbundenheit mit euch durchs Leben gegangen und erinnern uns gerne an schöne gemeinsame Stunden.
Trotz ihrer schweren Krankheit blieb G. immer ein liebenswerter und aufgeschlossener Mensch" ....

.... „ sehr traurig bin ich, aber gleichzeitig sehr froh, dass ich Tante G., eine enge Freundin meiner Mutti, kennenlernen durfte" ....

.... „ obwohl G. über viele Jahre sehr krank war und eine Heilung nicht möglich, haben wir immer ihre liebenswerte Art und ihre Offenheit bewundert" ....

.... „ nie haben wir einen Menschen erlebt, der trotz der schweren Krankheit immer fröhlich und geduldig war. Wir haben ihre Kraft bewundert, mit der sie ihr Leiden so viele Jahre getragen hat" ....

.... „ wir trauern mit dir um den Verlust unserer langjährigen, liebenswerten Freundin. Die Erinnerungen an G. sind unauslöschlich. Welch lange Zeit, seit über 50 Jahren kannten wir uns. Was bleibt, ist das Gedenken an eine zutiefst gutmütige, anständige, grundehr-

liche und tapfere Frau. Es bleibt uns unvergessen, mit welchem Mut sie trotz aller
Verzweiflung die furchtbare Leidenszeit
ertragen hat. Sie wollte nie der Mittelpunkt sein und hatte die wunderbare
Gabe, sich stets mit uns und den anderen
zu freuen. Das alles und viel mehr wird
und fehlen, aber unvergessen sein" ..

.... „ mit großem Respekt
durfte auch ich erleben, wie tapfer und
klaglos Ihre Frau das schwere Schicksal
angenommen hat und wie Sie beide
diesen mühsamen Weg gemeinsam
gegangen sind" ....

.... „ Ihre Frau ist in Ihrem
Herzen immer präsent, in Liebe,
Dankbarkeit, Freude und Hoffnung. In
herzlichem Gedenken an eine starke
Frau" ....

.... „ es tut uns so sehr Leid,
dass Sie diesen Verlust erleiden müssen,

mein herzliches Beileid gilt Ihnen und Ihrer
Familie. Die Wärme, Herzlichkeit und
Tapferkeit Ihrer Frau werden mir immer in
Erinnerung bleiben" ....

Diese liebevollen Kondolenzbezeugungen,
zum Ausdruck gebracht von vielen ihrer
Bezugspersonen aus ihrem unmittelbaren
Umfeld, möge man verstehen als
Wertschätzung und als letztes
Dankeschön an unsere liebe Verstorbene.
Wir alle werden sie nicht vergessen. Man
kann es schwerlich treffender ausdrücken
als es Johann Wolfgang von Goethe
einmal getan hat:

„Was man tief in seinem Herzen besitzt,
kann man durch den Tod nicht verlieren"